Este libro está dedicado a mis hijos - Mikey, Kobe y Jojo.

Copyright © 2022 Grow Grit Press LLC. Todos los derechos reservados. Ninguna parte de este libro puede ser reproducida en ninguna forma sin el permiso por escrito de la editorial. Por favor, envíe solicitudes de pedido al por mayor a growgritpress@gmail.com Impreso y encuadernado en los Estados Unidos. NinjaLifeHacks.tv Tapa blanda ISBN: 978-1-63731-484-5 Tapa dura ISBN: 978-1-63731-485-2

Pero no siempre he valorado la bondad.

Solía ser más sobre yo,
　　　　　　　yo,
　　　　　　　　yo.

Cuando mi mamá traía la compra, no podía esperar para comer un bocadillo y jugar con mis juegos electrónicos.

De camino a la escuela, nunca pensé en compartir mi paraguas.

Yendo a comer, me apresuraba a buscar comida, en lugar de mantener la puerta abierta para otros o esperar mi turno.

Pero todo eso cambió un día durante la clase.

El Ninja Ansioso había trabajado en un proyecto de ciencia durante semanas. Mientras lo presentaba, el Ninja Ansioso accidentalmente dejó caer toda la presentación del volcán. Todos empezaron a apuntar y a reírse, excepto yo.

Comprendí el dolor y la vergüenza del Ninja Ansioso. Sabía lo difícil que era hacer ese proyecto de ciencia. Y el proyecto del Ninja Ansioso se veía genial.

Recordé escuchar a mi mamá decirme que los actos de bondad, tanto grandes como pequeños, pueden hacer una diferencia.

Tal vez ella tenía razón.

En la escuela, elegí sentarme con el Ninja Tímido, que estaba solo.

Durante el recreo, cuando el Ninja Ansioso no fue elegido para un equipo, insistí en que el Ninja Ansioso estuviera en mi equipo.

Después de la escuela, cuando todos salían corriendo por la puerta, pacientemente le abrí la puerta a la Sra. Payne.

Y compartí mi paraguas cuando llovió.

En casa, ayudé a traer la compra...

Les traje las cartas a mis padres

El sábado por la mañana, me ofrecí como voluntaria en el refugio de animales.

Mi deber era cuidar a los animales y amarlos, pero no se sentía como un trabajo.

Me sentí afortunada de poder regalar amor y bondad.
¡Me gusta cómo el ser amable me hace sentir muy alegre y cariñosa!

¡Visítanos en ninjalifehacks.tv para obtener imprimibles divertidos gratis!

 @marynhin   @officialninjalifehacks
#NinjaLifeHacks

 Mary Nhin   Ninja Life Hacks

 Ninja Life Hacks

 @officialninjalifehacks

www.ingramcontent.com/pod-product-compliance
Lightning Source LLC
Chambersburg PA
CBHW041107070526
44583CB00002B/91